Las estaciones

Verano

Patricia Whitehouse

Traducción de Patricia Cano

Heinemann Library
Chicago, Illinois

©2003 Reed Educational & Professional Publishing
Published by Heinemann Library,
an imprint of Reed Educational & Professional Publishing
Chicago, IL

Customer Service 888-454-2279
Visit our website at www.heinemannlibrary.com

Designed by Sue Emerson, Heinemann Library
Printed and bound in the U.S.A. by Lake Book

07 06 05 04 03
10 9 8 7 6 5 4 3 2 1

Library of Congress Cataloging-in-Publication Data
Whitehouse, Patricia, 1958–
    [Summer. Spanish]
    Verano / Patricia Whitehouse ; traducción de Patricia Cano
        p. cm. — (Las estaciones)
Includes index.
    ISBN: 1-4034-0334-1 (HC), 1-4034-0552-2 (Pbk.)
    1. Summer—Juvenile literature. [1. Summer. 2. Spanish language material] I. Title. II. Seasons
(Heinemann Library)
QB637.6 .W4818 2002
508.2—dc21

                                    2002068860

Acknowledgments
The author and publishers are grateful to the following for permission to reproduce copyright material:
pp. 4, 5 J. A. Kraulis/Masterfile; p. 6 Richard Shock/Stone/Getty Images; p. 7 J. P. Fruchet/FPG International; p. 8 Gibson Stock Photography; p. 9L Michael Newman/PhotoEdit; p. 9R Jack Ballard/Visuals Unlimited; p. 10L BananaStock, Ltd./PictureQuest; p. 10R Photo Researchers, Inc.; p. 11 E. Dygas/PhotoDisc; p. 12 Nance S. Trueworthy/Stock Boston; p. 13L Frank Oberle/Stone/Getty Images; p. 13R Ralph A. Clevenger/Corbis; p. 14 Jeff Greenberg/Visuals Unlimited; p. 15L Mark E. Gibson/Visuals Unlimited; p. 15R Phyllis Picardi/Stock Boston; p. 16L Don Spiro/Stone/Getty Images; p. 16R David Young-Wolff/Photo Edit; p. 17 Eyewire Collection; p. 18L Stephen McBrady/Photo Edit; p. 18R Brian Drake/West Stock Inc.; p. 19L Sandy Clark/Index Stock Imagery, Inc.; p. 19R Comstock Images; p. 20 Andrew McCaul/The Image Bank/Getty Images; p. 21L Susie Leavines/Mira.com; p. 21R Gibson Stock Photography; p. 22 (row 1, L-R) Michael Newman/PhotoEdit, Nance S. Trueworthy/Stock Boston; p. 22 (row 2, L-R) Mark E. Gibson/Visuals Unlimited, Don Spiro/Stone/Getty Images; p. 22 (row 3) Kent Dufault/Index Stock Imagery, Inc./PictureQuest; p. 23 (row 1, L-R) Mark Cassino/BananaStock, Ltd./PictureQuest, C Squared Studios/PhotoDisc; p. 23 (row 2, L-R) Susie Leavines/Mira.com, Ryan McVay/PhotoDisc, Mark E. Gibson/Visuals Unlimited; p. 23 (row 3, L-R) C Squared Studios/PhotoDisc/Picture Desk, Eyewire Collection, Eyewire Collection; p. 23 (row 4, L-R) Image State, Siede Preis/PhotoDisc

Cover photograph by David Schmidt/Masterfile
Photo research by Scott Braut

Special thanks to our bilingual advisory panel for their help in the preparation of this book:

Anita R. Constantino
Literacy Specialist
Irving Independent School District
Irving, Texas

Aurora Colón García
Literacy Specialist
Northside Independent School District
San Antonio, TX

Argentina Palacios
Docent
Bronx Zoo
New York, NY

Leah Radinsky
Bilingual Teacher
Inter-American Magnet School
Chicago, IL

Ursula Sexton
Researcher, WestEd
San Ramon, CA

Unas palabras están en negrita, **así.**
Las encontrarás en el glosario en fotos de la página 23.

Contenido

¿Qué es el verano?

verano

otoño

El verano es una estación del año.

El año tiene cuatro estaciones.

invierno

primavera

En muchas partes, vemos y hacemos cosas distintas en cada estación del año.

¿Cómo es el tiempo en el verano?

El verano es la estación de más calor del año.

Hace calor de día y de noche.

Casi todos los días del verano
hace sol.

Pero también llueve.

¿Qué nos ponemos en el verano?

Nos ponemos shorts y camisetas.

Nos ponemos traje de baño
y **sandalias**.

Las **gafas de sol** nos protegen
los ojos del sol.

El **protector solar** nos protege la
piel para que no nos queme el sol.

¿Qué sentimos en el verano?

Sentimos la **arena** caliente en los dedos.

Sentimos agua fría en la piel.

Sentimos el sol en la cara.

Sentimos el pasto que nos
hace cosquillas en la espalda.

¿Qué vemos en el verano?

Vemos frutas y verduras en huertas.

Vemos hojas verdes en los árboles.

Vemos animales que se refrescan.

Vemos mariposas que vuelan.

¿Qué olemos en el verano?

Olemos el humo de las **parrillas**.

Olemos comida cocinada
al aire libre.

Olemos **brea** en las calles.

Olemos pasto recién cortado.

¿Qué oímos en el verano?

Oímos partidos de béisbol.

Oímos las campanillas del camión de helado.

Oímos **tractores** en los campos.

Oímos **rociadores** que riegan agua.

¿Qué probamos en el verano?

Probamos hamburguesas jugosas.

Probamos sandías dulces.

Probamos **limonada**.

Probamos helado cremoso.

¿Qué hacemos en el verano?

Podemos atrapar **luciérnagas**.

¡Después las dejamos ir!

Podemos ir a una feria.

Podemos ver los **fuegos artificiales** el 4 de Julio.

Prueba

¿Qué vemos en el verano?

Glosario en fotos

luciérnaga
página 20

arena
página 10

protector solar
página 9

**fuegos
artificiales**
página 21

sandalias
página 8

brea
página 15

parrilla
página 14

rociador
página 17

tractor
página 17

limonada
página 19

gafas de sol
página 9

23

Nota a padres y maestros

Leer para buscar información es un aspecto importante del desarrollo de la lectoescritura. El aprendizaje empieza con una pregunta. Si usted alienta a los niños a hacerse preguntas sobre el mundo que los rodea, los ayudará a verse como investigadores. Cada capítulo de este libro empieza con una pregunta. Lean la pregunta juntos, miren las fotos y traten de contestar la pregunta. Después, lean y comprueben si sus predicciones son correctas. Piensen en otras preguntas sobre el tema y comenten dónde pueden buscar la respuesta. Ayude a los niños a usar el glosario en fotos y el índice para practicar nuevas destrezas de vocabulario y de investigación.

Índice